MEU LIVRO DE CONSTRUIR HISTÓRIAS
Dinossauros

PÉ da letra

www.editorapedaletra.com.br
(11) 3733-0404 / 3687-7198

Projeto Gráfico: Quatria Comunicação
Texto: Artur Reto Ferreira

Equipe editorial:
Gustavo Mendes – Direção de arte
Felipe Fiuza – Diagramação
Aline Casassa – Ilustrações e capa

MEU LIVRO DE CONSTRUIR HISTÓRIAS

Instruções

O **MEU LIVRO DE CONSTRUIR HISTÓRIAS** é um jogo para crianças que não gostam só de games! Pode ser jogado por um, dois, três, quatro ou quarenta!

REGRAS RIDICULAMENTE SIMPLES:
Cada história ocupará duas páginas. Na página de cima, você vai encontrar quatro colunas de palavras, cada uma com um símbolo que representa uma classe gramatical. Os símbolos são:

★	☺	→	?
SUBSTANTIVOS	**ADJETIVOS**	**VERBOS**	**MISCELÂNIA**

O **MEU LIVRO DE CONSTRUIR HISTÓRIAS** é pura diversão para você jogar com os amigos ou mesmo sozinho. Comece lendo a história da página de baixo. Quando encontrar uma lacuna, observe o símbolo que está embaixo. Então, procure o mesmo símbolo na página de cima e escolha uma das palavras sob o símbolo. Escreva a palavra na lacuna e a risque para não ser mais usada. Continue até que todas as lacunas estejam preenchidas. Pronto! Agora leia sua história em voz alta e faça todo mundo cair na risada!

Exemplo:

"Até logo!", disse ele, enquanto pulava em sua ____________ (★) e ____________ (→) com seu ____________ (?).

★	☺	→	?
SUBSTANTIVOS	**ADJECTIVOS**	**VERBOS**	**MISCELÂNEA**
carro	encaracolado	dirigia	rato
barca	púrpura	~~dançava~~	cachorro
patinete	molhado	bebia	gato
charrete	cansado	rodopiava	~~rinoceronte~~
~~prancha~~	boba	nadava	macaco

"Até logo!", disse ele, enquanto pulava em sua **prancha** (★) e **dançava** (→) com seu **rinoceronte** (?).

MEU LIVRO DE CONSTRUIR HISTÓRIAS

Relembrando

Caso você ainda não tenha aprendido sobre classes gramaticais, aí vai uma rápida explicação:

Substantivos ★ são as palavras que a gente usa para dar nome às pessoas, às coisas, aos lugares etc. Livro, caneta, guarda-chuva e menina são substantivos.

Os adjetivos ☺ nos ajudam a dar uma qualidade ao substantivo. Bom, nova, colorido, bonita são adjetivos.

Verbos ➔ têm a ver com ação. Andar, ler e sorrir são verbos.

Miscelânea ? pode ser qualquer palavra de qualquer classe gramatical, como nariz, cinco, belezura, chicote etc.

Muito prazer, eu sou o Dininho.

★ SUBSTANTIVOS	☺ ADJETIVOS	→ VERBOS	? MISCELÂNIA
lanche	doce	mexer	laranja
careta	legal	pendurar	marrom
apelido	brilhante	pular	amarelo
monte	carinhosa	leva	verde
mundo	barulhenta	saltar	azul-claro
ioiô	enrugada	está	azul-marinho
cobertor	triste	nadar	púrpura
primo	sonolento	rastejar	rosa
cosquinha	bonita	esquecer	prateado
travesseiro	escamosa	corre	vermelho
vizinho	novo	empurra	dourado
almoço	limpo	vai	cinza

Muito prazer, eu sou o Dininho.

Olá! Meu nome é Demóstenes Dinossauro Júnior. Minha família me deu o _______________ ★ de Dininho. Você sabe qual é minha cor predileta? É _______________ ?! A mamãe é demais! Eu acho que ela é a mãe mais _______________ ☺ em todo o _______________ ★!

Todo dia de manhã, o papai me acorda fazendo _______________ ★ e depois me _______________ ➔ para a escola. A escola é muito divertida! E é _______________ ☺ também! Só a primeira vez na escola que não foi divertida... eu fiquei _______________ ☺ pois senti saudades de casa. Mas então eu fiz um _______________ ☺ amigo: o Dinovaldo. Brincamos de pega-pega e _______________ ★ e tomamos o _______________ ★ juntos.

Ah! Já ia me esquecer de falar do meu companheiro inseparável. É o meu _______________ ★. Ele é _______________ ? e tem a pele tão _______________ ☺ como a minha.

Quem é quem?

★ SUBSTANTIVOS	☺ ADJETIVOS	→ VERBOS	? MISCELÂNIA
rodas	riscadas	derrubam	joelho
barcos	calorosas	fazem	cotovelo
problema	boa	sentir	mente
bambolê	incríveis	correr	cabeça
meias	novas	passear	umbigo
amigos	atômicas	rolar	covinha
biscoito	amigável	cooperam	dedão
escrivaninha	cintilantes	apontar	tornozelo
guardanapo	melhor	escalar	pulso
lápis	delicado	repreender	orelha
flores	crocante	dormir	olho
blocos	divertidos	enganar	nariz

Quem é quem?

Quero te apresentar toda a minha família e meus ____________ (★). Da mamãe e do papai eu já falei. Eles são ____________ (☺) e ____________ (➜) tudo para me deixar feliz! Meu avô e minha avó gostam muito de ____________ (➜). O pijama do meu avô é furado e deixa o ____________ (?) de fora...rsrsrsrs. A Zoraide Gnu é minha ____________ (☺) amiga, além de ser minha vizinha. Ela tem muita energia e gosta de ____________ (➜) por aí. O Sezefredo Bode é meu colega de classe. Ele é meio ____________ (?) quente, mas está aprendendo a se controlar. O Euclides, meu primo, tem um ____________ (?) meio diferente e ama aprender coisas ____________ (☺). A Zélia Zebra é minha professora. Onde houver um ____________ (★), é só chamá-la e ele desaparece!

Café da manhã especial

★ SUBSTANTIVOS	☺ ADJETIVOS	→ VERBOS	? MISCELÂNIA
bolo	ecológico	arremessar	cílios
chaves	quente	jogar	pé
cozinheiros	esfomeado	comer	bumbum
costas	fantástica	picar	cotovelo
pedras	brutas	fritar	pescoço
dente	irresistíveis	lançar	bochecha
amendoim	intergalática	misturar	cabelo
laranjas	picante	nadar	narina
ovos	seco	apitar	queixo
areia	delicioso	dançar	axilas
calça	afiado	cochilar	estômago
livros	mexidos	rodopiar	dentes

Café da manhã especial

Quando chega o fim de semana, eu, o papai e o vovô viramos _______________ ★ e preparamos um café da manhã _______________ ☺ para todo mundo. O vovô só gosta de suco fresquinho e então espreme as _______________ ★. Eu pego _______________ ★ e guardanapos e ponho na mesa. Mal posso esperar pelas _______________ ☺ torradas do papai. Eu gosto de enchê-las de pasta de _______________ ★ e espalhar com o meu _______________ ?. A mamãe me ajuda a quebrar _______________ ★ numa tigela para fazer uma _______________ ☺ omelete. Eu uso garfo e faca para _______________ → tudo. E finalmente está tudo pronto! Eu ponho muita _______________ ★ no meu prato, o que faz sempre a mamãe dizer que eu tenho os olhos maiores que o _______________ ?. Eu realmente sou _______________ ☺ e poderia comer tudo. Hora de _______________ →!

Montanha russa maluca!

SUBSTANTIVOS	ADJETIVOS	VERBOS	MISCELÂNIA
trator	azedo	fugido	pata
mala	doce	jogado	olhos
monstro	horripilante	rodopiava	cabeça
cama	bonita	girava	pança
monte	chocante	alternado	costas
pimentão	inchado	dançado	língua
colchão	fritas	aplaudiria	dentes
martelo	peludo	sussurraria	bochechas
jujuba	onduladas	cantou	nariz
cachorro	enorme	zumbiu	orelhas
margarida	saltitante	voltaria	cotovelos
trenzinho	ensolarada	bocejaria	pernas

Montanha russa maluca!

Hoje eu fui a um parque de diversões _____________ ☺! O primeiro brinquedo que eu fui era uma xícara _________________ ☺ que _____________ → feito louca. Minhas _____________ ? não paravam de girar! Depois, nós andamos de ____________ ★, o que ajudou minha _____________ ? a se sentir melhor. No almoço, cada um de nós comeu um _____________ ★ quente e batatas _____________ ☺. Huuummm! Havia um brinquedo que não me deu muita vontade de ir: a montanha russa do _____________ ★ Voador... Parecia divertida e _____________ ☺ ao mesmo tempo. Mas aí a mamãe disse que ia comigo, e eu topei. Eu agarrei bem firme na barra de ferro com meus _____________ ?. O carrinho subiu até um grande _____________ ★, então mergulhou a toda velocidade fazendo várias curvas fechadas. Que passeio _______________ ☺. Eu gostei tanto do brinquedo que _______________ → mais três vezes, mas a mamãe disse que uma vez era suficiente para ela!

Regras para compartilhar

★ SUBSTANTIVOS	☺ ADJETIVOS	→ VERBOS	? MISCELÂNIA
picles	enferrujadas	brilhar	barco
esquilos	deslumbrante	brincar	helicóptero
queijo	especial	piscar	elevador
tênis	brilhante	tropeçar	casa
pinhas	enrugadas	pular	avião
aviões	vibrante	esticar	escada
bananas	surpreendente	rir	quarto
patinetes	gelado	cochilar	sala
amigos	encaracolado	compartilhar	porão
relógios	afiados	saltitar	armário
colheres	bacana	ler	varanda
insetos	redondos	pular	cozinha

Regras para compartilhar

Compartilhar as coisas é algo muito ____________ ☺ de se fazer. A cada oportunidade de compartilhar, eu tento me lembrar de quatro regrinhas bem ____________ ☺ que você pode seguir também!

1. Se você tem ____________ ★ em seu ____________ ?, são eles que estão brincando com todos os seus ____________ ★. Especialmente os brinquedos ____________ ☺ que eles nunca viram antes, como o saco de ____________ ★ que a vovó te deu.
2. Quando você está em seu ____________ ?, reveze para que todos tenham a chance de ____________ →.
3. Se você levar um brinquedo ____________ ☺ para o parquinho, adivinhe? Você não precisa compartilhá-lo, mas será ____________ ☺ se fizer.
4. Quanto mais você ____________ →, mais fácil será para você ____________ →!

Passeio com a escola

SUBSTANTIVOS	ADJETIVOS	VERBOS	MISCELÂNIA
tulipa	acolhedoras	inverteu	7
fóssil	maravilhosos	faíscam	128
favo	nova	espirrou	10,5
moletom	longo	assobiou	23
estrelas	interessante	capotou	999
chinelos	divertidas	elogiou	5.001
pedregulho	distante	apressou	14
estudantes	desagradável	desequilibrou	8,8888
óculos	brilhante	virou	0,1
piano	chato	aguçou	0
patinho	rápido	estragam	409
iluminação	entediante	choram	3.457

Passeio com a escola

“Vamos andando! Temos um ________________ ☺ dia pela frente!”, disse a prô Zélia quando ______________ ? de seus ________________ ☺ alunos desceram do ônibus. Era dia de passeio escolar a um ________________ ☺ museu! Primeiro, o guia mostrou para nossa classe um ______________ ☺ ______________ ★. “Eles realmente têm ______________ ? anos de idade?”, perguntou meu colega. “Sim, com certeza”, disse o guia. Depois, fomos visitar o planetário para aprender sobre o ________________ ★. O guia ________________ → a ________________ ★ para deixar a sala bem escura. Euclides ______________ → para o teto e disse “Ali está a ________________ ☺ Constelação da Ursa Maior! É uma coleção de ________________ ☺ estrelas no céu!” Ao final da visita, o guia nos presenteou com estrelas que ________________ → no escuro! “Vocês foram um grupo ________________ ☺!”, disse ele. “Voltem logo!”

Onde está o Banzé?

★ SUBSTANTIVOS	☺ ADJETIVOS	→ VERBOS	? MISCELÂNIA
mesa	estridente	cochilando	pólo
sabonete	líquido	chorando	escada
gramado	suave	mexendo	escorregador
violino	louco	papeando	rampa
dinossauro	vacilante	enrugando	balão
pêssego	plano	rabiscando	foguete
pica-pau	choroso	olhando	trapézio
banjo	fedido	jogando	trampolim
vulcão	brega	arranhando	túnel
creme	chique	abraçando	ponte
telefone	nebuloso	correndo	metrô
besouro	maluco	fazendo cócegas	montanha russa

Onde está o Banzé?

Dininho: Mamãe, por que temos que ir ______________ → ao supermercado?

Mãe: Eu preciso comprar ______________ ★ ______________ ☺.

Dininho: Está bem, mamãe. Posso levar o Banzé? Ele é tão ______________ ☺.

Mãe: Claro, Dininho. Mas agora entre no ______________ ?.

Dininho: Podemos ir de ______________ ? até o segundo andar?

Mãe: Está bem, Dininho. Mas você tem que segurar meu ______________ ★.

Dininho: Legal!!! E podemos levar um pouco de ______________ ★ para comer?

Mãe: Claro que sim. Mas, Dininho, onde está o Banzé?

Dininho: Ah, não! Meu ______________ ☺ Banzé!

Mãe: Quando foi a última vez que você esteve ______________ → com ele?

Dininho: Foi quando estávamos ______________ → no ______________ ?.

Mãe: Lá está ele, Dininho. Agora, segure meu ______________ ★. E desta vez, verifique se está mesmo segurando seu ______________ ★.

A receita de biscoito da mamãe

★ SUBSTANTIVOS	☺ ADJETIVOS	→ VERBOS	? MISCELÂNIA
pepino	medroso	mexa	3
calculadora	salgado	enfrentar	17
gaita	bruto	sorrir	38
piscina	brilhantes	bata	um pouco
telhado	saborosa	dobrar	832
garfo	esquisitas	apressar	2 milhões
tigela	rudimentar	tombe	9.001
tapete	incrível	girar	444
massa	empoeirados	escovar	72
faixa	tontas	chicotear	uma dúzia
cabide	disformes	queimar	100
chocolate	oleosos	fungar	0

A receita de biscoito da mamãe

Se o Dininho pudesse comer uma ________________ ★ dos meus biscoitos todos os dias, ele seria o ________________ ★ mais feliz do mundo. Vou passar para vocês a receita para que você possa experimentar também.

Primeiro, coloque ________________ ? colheres de sopa de ________________ ★ numa panela. Cuidado para não ________________ →. Depois que esfriar, derrame tudo numa ________________ ★ e misture ________________ ? xícaras de açúcar e ________________ ? ovos. Então, adicione uma colher de sopa de ________________ ★ e mexa bem. Em seguida, ________________ → e adicione três xícaras de ________________ ★, uma colher de chá de pó ________________ ☺ e uma pitada de ________________ ★. Então, misture pedaços de chocolate numa ________________ ★. Enquanto o forno aquece até ________________ ? graus, forme ________________ ☺ bolas de massa e coloque-as numa assadeira. Deixe cozinhar por ________________ ? minutos até que os biscoitos estejam fofos e ________________ ☺. Daí é só tirar da forma e ________________ →!

Dia de praia com a amigona

★ SUBSTANTIVOS	☺ ADJETIVOS	→ VERBOS	? MISCELÂNIA
corda	tempestuoso	construir	maior
areia	vibrante	fracassar	mais longo
alga	boba	triturar	mais legal
maçaneta	pequeno	roubar	mais idiota
lenço	estranho	pintar	mais peludo
pá	ridículo	gritar	mais gostoso
buraco	sonolento	saltar	mais fofo
marisco	normal	trotar	mais simpático
lanterna	espetada	passear	mais forte
queijo	distante	esticar	mais gelado
cadarço	cintilante	torcer	mais selvagem
gangorra	ardida	passear	mais saudável

Dia de praia com a amigona

É um dia quente e ____________ ☺ na praia! Dininho e Zoraide estão construindo um castelo de ____________ ★. Zô pegou uma ____________ ★ para cavar um buraco. “Este será o ____________ ? castelo de todos!”, disse ela. “Vou encher o ____________ ★ de água.”, disse Dininho. Eles trabalham juntos para um fazer um ____________ ☺ castelo. “Vamos colocar uma ____________ ★ do mar na lateral.”, disse Zoraide. “E eu vou colocar esta ____________ ★ como uma bandeira no topo.”, disse Dininho. “Estou ficando ____________ ☺. Gostaria de ____________ → na água comigo?”, perguntou Zoraide. “____________ ☺ ideia!”, respondeu Dininho. Ah, não! Uma onda ____________ ☺ destruiu o castelo. “Zô, olhe!”, gritou Dininho se sentindo ____________ ☺. “Nós podemos ____________ → outro, Di... E será o ____________ ? de toda a praia!”, disse Zoraide. “Essa é a ideia ____________ ?!”, gritou ele cheio de alegria.

Meu lanche predileto

★ SUBSTANTIVOS	☺ ADJETIVOS	→ VERBOS	? MISCELÂNIA
câmera	saboroso	beliscar	dourado
água	impressionante	bebericar	azul-celeste
pimenta	eleitos	rir	violeta
mostarda	vacilante	aspirar	rosa
lasanha	sorrateiro	saltar	amarelo-neon
aveia	sonolenta	agachar	branco
azeite	gentil	pensar	bege
melancia	escondidos	comer	roxo
cenoura	picante	espirrar	cinza
liquidificador	terrível	rachar	verde-limão
creme dental	azedo	estalar	prateado
catchup	educados	queimar	preto

MEU LIVRO DE CONSTRUIR HISTÓRIAS
Dinossauros

Meu lanche predileto

Logo depois da escola, eu sempre faço um ____________ ☺ lanche. A mamãe sempre me dá duas opções: um prato doce e outro ____________ ☺. Estes são os mais ____________ ☺:

1. Batatinha frita sabor ____________ ★, mas nunca com sabor vinagre e ____________ ★.
2. Pasta de amendoim e ____________ ★ no pão ____________ ?.
3. Maçãs vermelhas com um pedaço de queijo ____________ ?.
4. Uma ____________ ☺ barrinha de iogurte com salgadinho de ____________ ★.
5. ____________ ★ com cobertura de sorvete de banana... Huummm!!!
6. Pipoca com muita ____________ ★ e sal por cima. Esta opção eu gosto de ____________ → vendo TV!
7. Salgadinho de milho com salsa, mas não muito ____________ ☺, senão minha boca parece que vai ____________ →...rsrs

Drama na neve

★ SUBSTANTIVOS	☺ ADJETIVOS	→ VERBOS	? MISCELÂNIA
jenipapo	escorregadio	jogando	axilas
neve	frágil	rolando	canela
triângulo	quente	empurrando	cotovelos
barraca	engraçado	esculpindo	orelhas
botão	descolada	agarrando	cílios
pico	pedregoso	gritando	bochecha
pepino	grande	chutando	joelhos
parceiro	legal	girando	ombros
obstáculo	colorido	derrapando	dedões
moinho	calorosa	aconselhando	pés
amigo	delicioso	agitando	polegares
tomate	pesada	acenando	mãos

Drama na neve

Os tios de Dininho moram num lugar muito ______________ (☺). Nas férias, seu primo Roberval o chamou para fazer um ______________ (★) de neve. Os dois foram ______________ (➔) até chegar à neve. "Me ensina!", pediu Dininho ______________ (➔) uma ______________ (☺) bola de neve. "Vamos ver quem termina primeiro", desafiou Roberval. Os meninos, então, trabalharam rápido. "Terminei!", gritou Dininho. Roberval bateu seus ______________ (?) no chão. "Eu é que deveria ganhar!", esbravejou, ______________ (➔) o boneco de Dininho com seus ______________ (?). "Ei!", protestou Dininho, "Isso não foi ______________ (☺)." Então, Roberval se sentiu mal. "Me desculpe, Dininho... Você vai continuar sendo meu ______________ (★)?" Dininho acenou positivamente com a cabeça. "Mas não estrague mais o meu ______________ (★) de neve.", disse Dininho. "Está bem... Vou dividir o meu com você.", disse Roberval. "Ainda faltam as ______________ (?), os olhos e a ______________ (?). Vamos terminar juntos!", disse Roberval. "Legal!", comemorou Dininho.

Festa de aniversário do Dininho

★ SUBSTANTIVOS	☺ ADJETIVOS	→ VERBOS	? MISCELÂNIA
pães de queijo	oleoso	remexendo	18
pés-de-pato	seco	respirando	819
cuecas	rachadas	borbulhando	5
xilofones	suado	dedilhando	1 zilhão
colchões	perfeitos	desistindo	3.000
abacaxis	fedido	reclamando	140
amigos	saltitante	lacrando	-10
sabiás	granuloso	chorando	999.999
enfeites	molengas	bufando	2,5
bolas	compridos	saltando	45.003
guarda-chuvas	crespos	pensando	365
chapéus	atrapalhadas	vibrando	999.998

Festa de aniversário do Dininho

Ontem foi minha festa de aniversário! Eu completei ____________ (?) anos de idade. Dá pra acreditar? Minha festa foi num lugar ________________ (☺) chamado “Academia ________________ (→). Todos os meus ________________ (★) da escola foram, além do vovô e da vovó, do papai e da mamãe. Foi muito divertido ficar dançando e ________________ (→) com todo mundo! Depois de brincar, nós comemos ____________ (★) e um bolo ____________ (☺). Huuummm!!! Quando voltamos para casa, eu abri os presentes. A Zoraide me deu um jogo de ______________ (★) bem ______________ (☺)! Euclides me deu um livro sobre ________________ (★) e lhamas. Sezefredo me deu ________________ (?) bolas saltitantes, algumas pequenas e outras ________________ (☺)! Presentes são ________________ (☺), mas sabe o que é melhor? Passar meu aniversário com minha família e meus ________________ (★)!

Trabalho na escola

★ SUBSTANTIVOS	☺ ADJETIVOS	→ VERBOS	? MISCELÂNIA
carrinho	gorduroso	colar	mais frio
percevejo	fumegante	colidir	mais largo
feijão	esburacado	dormir	mais aconchegante
frango	úmido	coçar	mais insignificante
chão	horroroso	voar	mais doce
ventilador	vermelha	levar	mais saltitante
margarida	impressionante	clicar	mais arrumado
macarrão	cansado	rebolar	mais ridícula
rio	ávido	falar	mais selvagem
banheira	sorridente	digitar	mais belo
grama	esperançoso	dirigir	mais alto
mármore	gosmenta	crescer	mais feliz

Trabalho na escola

Hoje foi dia de ____________ (→) trabalho na escola. Todos devem trazer algo ____________ (☺) para mostrar para a classe e para a prô Zélia. A Zoraide foi a primeirona. “Este é um pé de ____________ (★)”, explicou ela. “Eu coloquei uma semente num pouco de terra ____________ (☺) e começou a ____________ (→). Não é a coisa ____________ (?) que vocês já viram?!”. Logo depois, o Euclides levantou com um ____________ (★) sensacional e disse: “Esta é a parte ____________ (?)! Se vocês olharem de perto, dá para ver uma ____________ (★) e um ____________ (★). Então chegou a vez do Dininho: “Este é o meu ____________ (☺) pijama! É o pijama ____________ (?) do mundo para se ____________ (→)!”, disse ele. “Realmente parece ser bem quentinho e ____________ (☺)!”, disse a prô Zélia. “E é mesmo!”, gracejou Dininho. “Mal posso ____________ (→) para estar dentro dele hoje à noite!”

Meu amigo Sezefredo

★ SUBSTANTIVOS	☺ ADJETIVOS	→ VERBOS	? MISCELÂNIA
amêndoas	nojento	saltar	cílios
poeira	rápido	rir	orelhas
fios	gentil	nadamos	pernas
peixes	fresco	arrotar	bochechas
caminhões	quieto	regar	olhos
amigos	complicado	lutamos	cotovelos
amoras	encantador	dançar	braços
chinelos	borbulhante	agarrar	pulsos
prédios	louco	sentar	sobrancelhas
rabanetes	calmo	brincamos	joelhos
migalhas	nervoso	mirar	tornozelos
árvores	ciumento	mexer	pés

Meu amigo Sezefredo

Sezefredo é meu colega de classe, mas às vezes nós ______________ (→) juntos na casa um do outro. No início, eu achava que ele não era muito ______________ (☺). Ele fazia coisas como ______________ (→) quando eu cantava ou jogar ______________ (★) nos meus ______________ (?). Quando ele passa por um momento ______________ (☺), a prô Zélia diz: “Sezefredo, vamos descansar um pouco e nos acalmar.” Ela até chama o Sezefredo para ______________ (→) perto dela na hora da roda para ele ouvir tudo direitinho. Mas o Sezefredo é ______________ (☺) também. Nós gostamos de brincar com ______________ (★) na caixa de areia e de pega-pega ao redor de ______________ (★). Ele é um corredor ______________ (☺). As suas ______________ (?) se movem muito rápido. Ahhh! E o pai dele é arquiteto, ou seja, constrói ______________ (★)! Isso não é ______________ (☺)?!? Sou feliz porque eu e Sezefredo somos bons ______________ (★)!

Cartão postal

★ SUBSTANTIVOS	☺ ADJETIVOS	→ VERBOS	? MISCELÂNIA
jangadas	longo	cair	estrelas
lambretas	seco	debruçar	corações
biscoitos	rápido	dormir	triângulos
água	bagunçada	cozinhar	listras
bambolê	orgulhoso	congelar	quadrados
asfalto	estridente	tricotar	ziguezagues
bolos	quentinho	coaxar	círculos
barracas	chato	miar	arco-íris
fogo	esquisito	chilrear	emojis
travesseiros	corajoso	caminhar	bolinhas
livros	fofo	desmaiar	rabiscos
tubérculo	indiscreto	girar	redemoinhos

Cartão postal

Queridos vovô e vovó!

Pápai, mamãe e eu estamos num acampamento ____________ (☺)!

Na noite passada, eu vi um monte de ____________ (?) no céu! É muito aconchegante e ____________ (☺) ficar no saco de ____________ (→). A cor do meu é laranja com ____________ (?) e o dos meus pais tem ____________ (?) roxos Hoje, nós acordamos e fomos ____________ (→) na floresta. Seguimos uma trilha de ____________ (?) que acabava num lago cheio de ____________ (★). Ficamos observando a água ____________ (→)! E adivinha? A mamãe disse que já estava na hora de assar batatas no ____________ (★). E quando você assa um ____________ (★) até ficar ____________ (☺), então você enche de ____________ (★) e chocolate. Fica simplesmente ____________ (☺)!

Com amor, Dininho.

Poema de Natal

★ SUBSTANTIVOS	☺ ADJETIVOS	→ VERBOS	? MISCELÂNIA
futebol	espinhuda	felicitar	cáqui
tecidos	brega	dar	lilás
bolinho	suculento	mergulhar	branco
cabide	nobre	remar	marrom
parceiro	brilhante	correr	amarelo
manga	vazia	saltar	azul
óculos	turvo	cozinhar	laranja
cenoura	agradável	escrever	verde
tabuleiro	enrolado	colorir	dourado
cebola	enrugada	sorrir	vermelho
lagarto	encaracolado	tirar	cinza
capas	suado	comemorar	violeta

Poema de Natal

Ajude o Dininho a terminar seu poema para ________________ o
→
Natal e entregá-lo a seus pais:

Eu agradeço pela minha quentinha e ________________ cama,
☺
e a ____________________ que eu como todo dia sem drama.
★
Também agradeço ao vovô e a vovó,

e à divertida e ________________ amiga Zoraide, meu xodó.
☺
Por poder ____________________ férias e visitar os chalés,
→
e pisar no gramado ____________________ sob meus pés!
?
E________________________ na piscina, também no mar,
→
e com um bolo ______________ meu aniversário comemorar!
?
No fim de semana passear, e lá fora com meu

______________________ brincar!
★
Para minha mamãezinha e meu papaizinho, com amor do seu

________________________ Dininho!
☺

Cartão do Dia dos Namorados

★ SUBSTANTIVOS	☺ ADJETIVOS	→ VERBOS	? MISCELÂNIA
portão	bacana	fungar	ovais
pregador	especial	projetar	quadrados
coração	ocupado	fazer	retângulos
cadarço	legal	recortar	diamantes
guitarra	espumante	dirigir	estrelas
espantalho	podre	construir	robôs
chaleira	empoeirada	crescer	corações
cartão	sonolento	tecer	rabiscos
abotoadura	sério	escrever	hexágonos
bolsa	exigente	cantar	flechas
lápis	nublado	vigiar	emojis
amigo	real	sorrir	octágonos

Cartão do Dia dos Namorados

Querido Dininho,

Este é um ____________ ★ de Dia dos Namorados que eu fiz especialmente para você! Eu usei minha tesoura ____________ ☺ para cortar o ____________ ★. Você gostou? Eu até coloquei um adesivo ____________ ☺ para você ver que fui eu que fiz... Demorei um pouco para deixá-lo num formato de coração ____________ ☺. Os primeiros que eu fiz pareciam ____________ ?. Também tenho para você um ____________ ★ especial de Dia dos Namorados e uma vela ____________ ☺. Eles têm formato de ____________ ? com umas coisas escritas, tipo “Vc é ____________ ☺.” e “Olá, ____________ ★!” Você vai ____________ → um cartão para mim também? Se fizer, coloque na minha ____________ ★ de Correios.

Espero que possamos nos ____________ → logo!

Com ____________ ★,

Zoraide Gnu

O jardim da Zoraide

★ SUBSTANTIVOS	☺ ADJETIVOS	→ VERBOS	? MISCELÂNIA
panquecas	picante	sentir	sim
sombrinhas	ventilada	crescer	claro
bicicletas	sujo	bocejar	legal
bolas de tênis	malhada	espirrar	não sei
zarabatanas	molhada	congelar	com certeza
bromélias	velho	desviar	huuummm
penteadeiras	tagarela	plantar	delícia
relógios	viscoso	cantar	parabéns
sementes	rápido	voar	não, obrigado
relâmpagos	louco	guinchar	fala sério
pás	saboroso	mastigar	uau
feijões	ensolarado	coçar	ôps

O jardim da Zoraide

Os pássaros cantavam e as ____________ (★) desabrochavam: finalmente, era primavera, época de plantar ____________ (★). Um dia, a mãe da Zoraide chegou em casa com ____________ (★) compradas na loja de jardinagem. “Dininho, você gostaria de ajudar mamãe e eu a ____________ (➔) um jardim?”, perguntou Zoraide. “____________ (?)!”, respondeu Dininho. “Tome algumas ____________ (★) para enterrar no solo.”, disse dona Gnu. Zoraide e Dininho plantaram ____________ (★), alface e ____________ (★). Todos os dias, eles cuidavam para que a terra fosse ____________ (☺) e ____________ (☺). Logo coisas começaram a ____________ (➔)! “Olhem, um brotinho!”, disse Dininho. “____________ (?)!”, disse Zoraide. Em poucas semanas, as ____________ (★) estavam prontas para a colheita. “Vamos fazer uma salada!”, disse Dininho. “____________ (?)!”, disse Zoraide. “Isso soa ____________ (☺)!”

Esconde-esconde

★ SUBSTANTIVOS	☺ ADJETIVOS	→ VERBOS	? MISCELÂNIA
repolho	divertido	fugi	18.000
cama	redondo	sondei	17
casaco	sedento	esconde	0
flauta	efervescente	ouvir	64
rosquinha	bom	gargalhar	3.001
chuveiro	respingados	procura	3 milhões
goma de mascar	pequenininho	girar	585
lanterna	inchados	remexer	88.000
crisântemo	doce	fui	999
castelo	irregular	espiei	987.765.432,1
viola	manchados	eleger	4
labirinto	esturricado	vou	2 bilhões

Esconde-esconde

Estamos a Zoraide e eu na casa dela brincando de esconde-__________ →! Eu já contei até __________ ? e agora vou procurá-la. "Lá __________ → eu!", gritei eu para ela saber que já estou procurando por ela... Primeiro, eu __________ → dentro do __________ ★, pois é um lugar __________ ☺ para se esconder desde que haja prateleiras em que você possa __________ →. Não, ela não está aqui. Então, eu checo o segundo melhor lugar para se esconder: embaixo da __________ ★. Mas só encontro __________ ? tijolos __________ ☺. Onde Zoraide pode estar?!? Ah! Já sei! Fui __________ → no banheiro e puxei a __________ ★ para o lado e... nada! Ei, tive uma ideia __________ ☺! Há um armário no corredor onde os Gnu guardam uns __________ ? casacos. Eu abri e... "Você me achou!", gritou Zoraide. Caímos na gargalhada. Agora é minha vez de me __________ →!

Carta para a mamãe

★ SUBSTANTIVOS	☺ ADJETIVOS	→ VERBOS	? MISCELÂNIA
poções	curiosa	cozinhar	alegremente
olhos	quietas	pilotar	rapidamente
marinheiros	geladas	dançar	repentinamente
vassoura	saborosa	espirrar	orgulhosamente
patinetes	super	piscar	gentilmente
canções	espertas	sonhar	espalhafatosamente
sorveteria	valente	voar	prazerosamente
enciclopédia	irregular	rabiscar	vagarosamente
meias	instável	aparafusar	calorosamente
coxinha	assustadoras	brincar	perfeitamente
super-heróis	honesta	escalar	suavemente
cuíca	madrugador	esquiar	silenciosamente

Carta para a mamãe

Querida mamãe,

Eu não sei o que te dar de aniversário. Sezefredo sugeriu uma caixa de _______________ ★, e o papai disse que você ama _______________ ☺ flores. Mas aí, a prô Zélia disse que eu deveria _______________ ? escrever uma carta contando as melhores _______________ ★ sobre você! Mamãe, você é totalmente _______________ ☺... Eu fiquei _______________ ? pensando o dia inteiro no que te escrever! Você prepara a melhor _______________ ★ do mundo! Na hora de dormir, mesmo ocupada em _______________ →, você sempre dá um jeito de contar minha _______________ ★ favorita. E eu amo quando diz que sou seu _______________ ☺ filhinho. Você é minha _______________ ☺ mamãezinha. Em seu níver, nós devemos sair para _______________ →!

Muitos beijos e _______________ ★!

Dininho